1.ª edición: septiembre 2025

© Del texto: Ana Alonso, 2025
© De las ilustraciones: Esther Lecina, 2025
© De esta edición: Grupo Anaya, S. A., 2025
Valentín Beato, 21. 28037 Madrid
www.anayainfantilyjuvenil.com

Director editorial: Pablo Cruz
Editora: Marta Álvarez
Asistente editorial: Mercedes González Grande
Diseño de cubierta: Lola Rodríguez

ISBN: 978-84-143-3459-1
Depósito legal: M-7330-2025
Impreso en España - Printed in Spain

PAPEL DE FIBRA
CERTIFICADA

ANA ALONSO

HISTORIAS ENREDADAS EN LA EDAD MEDIA

ILUSTRACIONES DE
ESTHER LECINA

¡Hola, soy Aurora Mores!

Encontré *el Atlas del tiempo perdido* en un desván y ahora salto de época en época como quien salta de una canción a otra en Spotify. ¡Y en todas las épocas hago amigos!

En mi mochila llevo:

Atlas del tiempo perdido

Lo encontré en el desván de mis abuelos y no tengo ni idea de cómo llegó allí. Es fácil de usar. Buscas en el índice la época que te interesa, abres el libro por esa página y ¡BAM!, estás en esa época. Pero no es un viaje virtual. Es real... ¡A veces, demasiado!

Mi móvil

No solo lo uso para hacerme selfis con Cleopatra...
También me ayuda a documentar todo lo que veo.

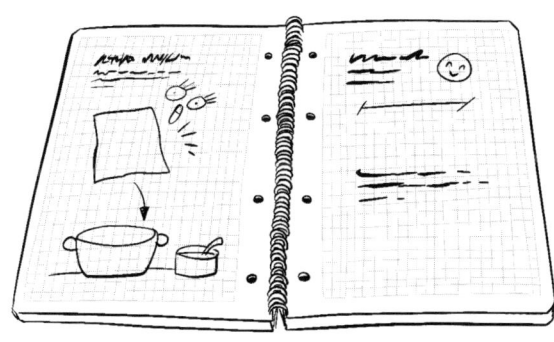

Mi libreta de comparaciones

Aquí apunto todo: lo bueno, lo malo y lo muy loco.
Por ejemplo, ¿sabías que en la Edad Media una hora no
duraba siempre lo mismo? Las horas del verano eran
más largas que las del invierno. Esto se debe a que
dividían el tiempo de luz solar entre doce, y en invierno
hay menos tiempo de sol que en verano.

¡Os saluda Ruy, el caballero!

Me peleo con mis enemigos, con los enemigos de mi rey y
con cualquiera que me ataque. Si hay suerte y ganamos
una batalla, ampliamos nuestras tierras y conseguimos
un botín. Eso sí, siempre a partir de la primavera. Luchar
en invierno es un asco, ¡se te llena la armadura de barro!

Espada venerable

Es una herencia de mi abuelo. Está un poco abollada, sí... Ese trozo que le falta se quedó clavado en el yelmo de uno de mis adversarios. ¿O fue en la hogaza de pan? Estaba tan dura que casi me dejo los dientes.

Yelmo de relumbrón

Me encanta sacarle brillo para cegar a mis rivales en el campo de batalla. Los deslumbro con mi elegancia... y entonces ataco. ¡Es mi truco secreto!

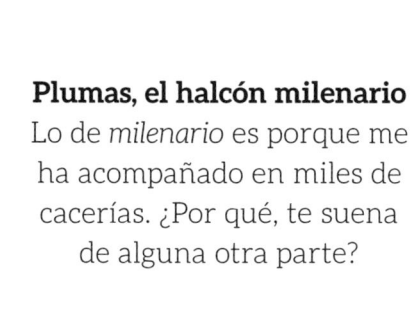

Plumas, el halcón milenario

Lo de *milenario* es porque me ha acompañado en miles de cacerías. ¿Por qué, te suena de alguna otra parte?

¡Buenos días, vuesa merced! Soy Laia, la juglaresa

En otras épocas me llamarían artista. En la mía, nadie se toma en serio mi trabajo. ¿Será porque me dedico a hacer reír a la gente? También hago malabares, bailo y toco la pandereta, hago números graciosos con mi cabra y recito historias épicas con miles de versos... ¡Aunque no sé leer ni escribir!

Pandereta marchosa

Práctica, ligera, versátil... Lo mismo me sirve para marcarle el ritmo a mi cabra que para acompañar la historia del Cid.

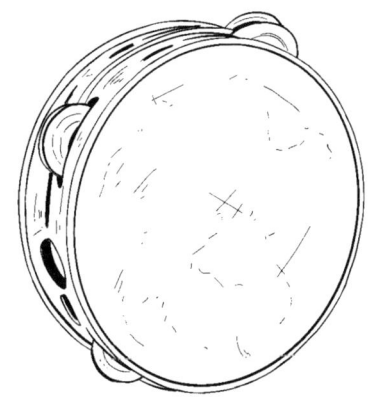

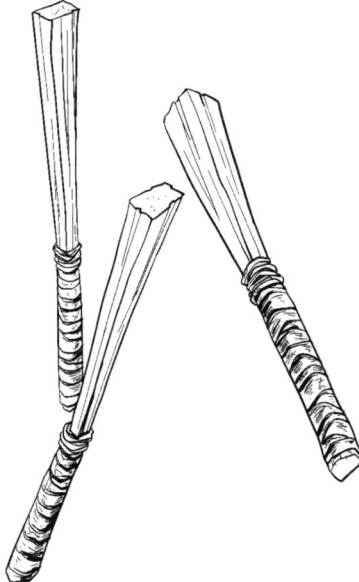

Bolos para malabares

Puedo mantener en el aire hasta cinco... Y en los descansos, juego a derribarlos con una pelota, como la gente normal.

Federica

Bala y baila a la vez mientras hace equilibrios sobre las patas traseras. ¡Solo le falta hablar! Aunque yo creo que está aprendiendo.

Yo soy Bran, ¡hiiiiii!

Pertenezco al conde de Montealto, y allá donde voy me tratan como a una estrella. Buenos establos, agua y hierba fresca para comer... Mi dueño no me vendería ni por cien ovejas. ¡Muchos humanos querrían vivir tan bien como yo!

Silla

Soy un caballo civilizado, por eso la llevo. La usamos sobre todo en los torneos.

Herraduras deslumbrantes

Al principio duelen, pero luego son estupendas para que no se te desgasten las pezuñas. Las mías, además, traen suerte. ¡Pero que nadie intente robármelas!

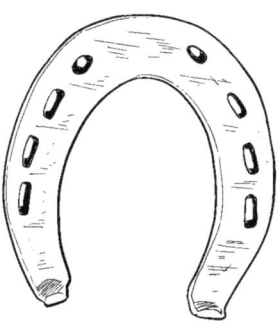

Estribos lujosos

Son un poco molestos, pero qué le vamos a hacer... Los humanos son tan bajitos que tienen que inventarse trucos para montar sobre mi lomo. Y para que los pies no se les vayan para cualquier lado cuando partimos al galope.

HISTORIA I

¿QUÉ ES LA EDAD MEDIA?

Seguro que lo sabes: es la época de los caballeros, los castillos, las catedrales, los juglares y los torneos con armaduras y espadas. Pero ¿te has preguntado por qué se llama así?

Pues porque está «en el medio», es decir, entre dos épocas especialmente brillantes de la historia: la antigua Roma y el Renacimiento. Los historiadores que le pusieron ese nombre pensaban que había sido una época «oscura» y poco interesante.

Ahora ya no se opina lo mismo. ¡La Edad Media no es nada aburrida! Pasaron muchas cosas, hubo muchos enredos, ¡y aquí te los vamos a contar!

EL FINAL DE UN IMPERIO

La Edad Media duró diez siglos. Se considera que comenzó con la caída del Imperio romano en el siglo v d.C. y que terminó con la llegada del Renacimiento a principios del siglo XVI.

Imagina que tienes una torre de bloques altísima. Tanto, que cuando intentas añadirle nuevos bloques empieza a tambalearse. Más o menos eso fue lo que le pasó al Imperio romano. ¡Se había vuelto tan grande que era imposible manejarla! Y la torre... se vino abajo.

Lo malo de un imperio tan grande como el romano es que tiene muchas fronteras que defender. Los romanos estaban agotados, sus ejércitos se encontraban esparcidos por todo el mundo conocido, y el dinero... bueno, digamos que no se administraban demasiado bien y las cuentas no salían.

Todo eran problemas... ¡Y había mucha gente dispuesta a aprovecharlos!

HISTORIA ENREDADA

Otra cosa no, pero si algo aprendieron a hacer en la Edad Media, fueron torres altas que no se tambaleaban.

Consulta la página 59 para descubrir más.

LAS INVASIONES «BÁRBARAS»

Alrededor del Imperio vivían muchos pueblos distintos. A veces se peleaban con ellos, a veces comerciaban y hacían negocios... Llevaban siglos así. Los romanos los llamaban «bárbaros», que para ellos quería decir «extranjeros». Lo decían con un poco de desprecio. Para los romanos, no había nada mejor que Roma.

Se lo tenían tan creído que convencieron a sus vecinos «bárbaros»: ellos también querían «lo mejor»... y poco a poco, unas veces por las buenas y otras por las malas, empezaron a instalarse dentro del Imperio.

Los bárbaros pertenecían a muchos grupos diferentes, cada uno con su lengua, sus costumbres y su cultura: los visigodos, los vándalos, los francos, los suevos... Ellos no pretendían acabar con Roma; solo querían un trocito del pastel. Y cuando vieron que el Imperio empezaba a debilitarse, se animaron a atacar. Pero se pasaron un poco...

HISTORIA ENREDADA

Otros vecinos llegarían más tarde desde el norte de África y se instalarían en España dando origen a al-Ándalus.

Averigua más en la página 62.

CAMBIOS A TUTIPLÉN

Los bárbaros llegaron para quedarse, e introdujeron en el Imperio nuevas ideas y formas de vida. Sus costumbres se mezclaron con las romanas, y de esa mezcla surgió... ¡tachán tachán! La Edad Media.

Con tantas invasiones, el caos se apoderó del Imperio: en los ataques se destruyeron libros y obras de arte, mucha gente abandonó las ciudades y las carreteras se llenaron de maleza y nadie las reparaba. Los viajes se volvieron peligrosos, porque había bandidos acechando en los caminos y las autoridades ya no podían enfrentarse a ellos.

Castillos: Como no se podía viajar, el comercio cayó en picado. La gente dejó de confiar en los lejanos gobernantes de Roma y empezó a depender de los líderes locales que les dejaban refugiarse en sus fortalezas cuando alguien los atacaba. ¡Y así nacieron los castillos!

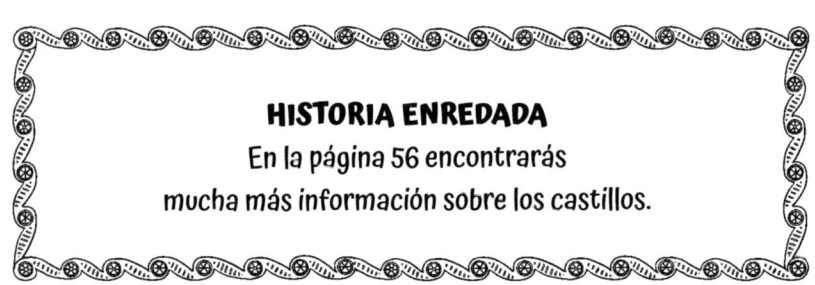

HISTORIA ENREDADA
En la página 56 encontrarás
mucha más información sobre los castillos.

Del dinero al trueque: Las monedas romanas se volvieron cada vez más escasas y no había oro ni plata para hacer más. La gente empezó a intercambiar cosas directamente, como gallinas por tela o leche por madera. Esto se llama trueque, y es como ir de compras sin llevar dinero.

Del latín a las lenguas romances: Como la gente cada vez viajaba y comerciaba menos, los distintos territorios del imperio se fueron aislando. Su forma de hablar el latín, que era la lengua de los romanos, se fue haciendo cada vez más diferente en las distintas zonas. Así surgieron las lenguas romances, como el español, el italiano, el gallego, el catalán, el francés...

De muchos dioses a un solo dios: El cristianismo, que había empezado como una pequeña secta antisistema en los primeros tiempos del Imperio romano, pasó a ser la religión oficial de casi toda Europa. La Iglesia adquirió un gran poder y los monasterios se convirtieron en centros de cultura donde los monjes copiaban una y otra vez los libros antiguos mientras el resto de la sociedad se iba olvidando de leer y escribir.

CONFECCIONA TU DISFRAZ MEDIEVAL

MATERIALES

Ropa vieja: una camiseta grande y pantalones largos de colores neutros como marrón, gris o beis

Cinturón: un cinturón viejo o una cuerda gruesa

Cartulina dorada y plateada

Tijeras

Pegamento o cinta adhesiva

Rotuladores o pinturas

Papel metalizado de colores

Accesorios: tela extra, bolsas de tela o bisutería

INSTRUCCIONES

1. Prepara la ropa

Ponte la camiseta y los pantalones y ajústalos con
el cinturón o la cuerda, creando un efecto blusón.
Como calzado, usa unas botas viejas. Si quieres,
puedes colgar una bolsa de tela del cinturón
para hacer un monedero medieval.

2. Crea tu escudo y espada

Recorta una cartulina dorada con forma de escudo.
En una cartulina plateada, dibuja una espada y recórtala.
Decora estas armas con rotuladores y papeles
metalizados de colores.

3. Detalles y decoraciones

Utiliza los rotuladores para dibujar detalles en la ropa,
como cruces o bordados. Puedes pegar tiras de papeles
metalizados o de cartulina dorada y plateada
en forma de piedras preciosas.

4. Añade accesorios opcionales

Si tienes tela extra, haz una capa que puedes sujetar
al cuello con un nudo. También puedes añadir bisutería
para un toque más regio.

5. ¡El toque final!

Ponte el disfraz y ajusta todos los accesorios.
¡Ya eres todo un personaje de la Edad Media!

HISTORIA II

LA SOCIEDAD MEDIEVAL

La sociedad medieval estaba dividida en tres grupos: los nobles, los clérigos y los campesinos o trabajadores. La gente no podía elegir su profesión con libertad. Si nacías campesino, estabas obligado a seguir siéndolo toda tu vida. Los nobles tenían castillos y tierras, los clérigos se ocupaban de las iglesias y los monasterios, y los campesinos... bueno, de casi todo lo demás.

Otra diferencia con la sociedad actual es que las leyes no eran iguales para todos. Si los nobles cometían algún delito, recibían castigos menores, y tanto ellos como el clero disfrutaban de privilegios especiales, como el de exigir a los campesinos que les diesen una parte de su cosecha.

En las ciudades había un poco más de libertad. Algunas tenían leyes especiales para proteger a sus ciudadanos. Los artesanos y comerciantes se organizaban en gremios y tenían sistemas para enseñar sus oficios a los jóvenes aprendices.

HISTORIA ENREDADA
Puedes saber más sobre estos gremios en la página 30.

La mayor parte de la gente no salía de su pueblo o de su ciudad en toda su vida. Pero también había personas muy viajeras: desde los reyes, que cambiaban su corte de ciudad continuamente, hasta los estudiantes, los peregrinos y los juglares o titiriteros.

LOS NOBLES: PRIVILEGIADOS Y PELEONES

Imagina que eres parte de una familia muy especial donde todos tienen tareas importantes que ayudan a mantener el orden y la seguridad en un gran territorio. Eso significaba ser un noble en la Edad Media. No solo vivían en grandes castillos y llevaban ropa de lujo; también tenían muchas responsabilidades... y algunos privilegios bastante curiosos.

¿Qué hacían los nobles?

- Defender sus tierras... y conseguir algunas más mediante la guerra, si podían.
- Mantener y mejorar caminos, puentes y edificaciones dentro de sus territorios, asegurándose de que todo funcionara correctamente para el transporte y la comunicación.

Derechos y privilegios de los nobles

- No pagaban impuestos, ¡los cobraban! Se quedaban con una parte de todo lo que producían los campesinos que trabajaban en sus tierras.
- Podían cazar en grandes extensiones de bosque, mientras que a los campesinos no se les permitía.
- Podían juzgar a las personas dentro de sus tierras.

HISTORIA ENREDADA

A veces también se divertían... sobre todo cazando. Indaga más sobre entretenimientos mediavales en la página 42.

EL VASALLAJE

Los nobles estaban ligados unos a otros por promesas y alianzas. Los menos poderosos juraban fidelidad a los que tenían más tierras, y estos a su vez se hacían vasallos de otros nobles más importantes todavía. Cuando un noble decidía pelear con otro, los vasallos de cada bando también tenían que enfrentarse. ¡Todo el mundo debía favores a todo el mundo!

LOS CAMPESINOS: DE ESCLAVOS A SIERVOS

Imagina que eres parte de un gran juego donde tu rol consiste en cuidar de un trozo de tierra, pero no puedes irte a otro lugar y tienes que seguir unas reglas muy estrictas. Eso significaba ser un siervo en la Edad Media. No eran esclavos, pero tampoco libres. Vivían y trabajaban en las tierras de los nobles, las cultivaban, las mantenían en buen estado y cuidaban los animales. A cambio, recibían protección de los nobles y un lugar para vivir. Sin embargo, su vida no era nada fácil, y tenían pocas oportunidades de cambiar su destino.

¿Te lo quedas? Es un chollo...

No, gracias. Soy *freelance*.

OBLIGACIONES DE LOS SIERVOS

Además de trabajar la tierra, los siervos tenían algunas obligaciones bastante sorprendentes:

Banalidades: Tenían que pagar para usar el molino, el horno o la prensa de vino del señor, incluso si ellos mismos habían traído los granos, la masa o las uvas.

Tallaje: Era una parte de sus propiedades que debían pagar al noble como impuesto. Valía todo, desde una gallina a un saco de castañas.

Mano muerta: Si un siervo moría, su familia debía pagar al señor para poder seguir en la propiedad del siervo fallecido.

Derecho de pernada: Aunque es más un mito que una realidad, se creía que, cuando un siervo se casaba, el señor tenía derecho a pasar la primera noche con su esposa.

Corvée: Los siervos debían trabajar gratis para el señor varios días al año, reparando caminos o construyendo castillos, puentes, molinos, etc, además de sus habituales tareas agrícolas.

UN TERCER GRUPO: EL CLERO

En la Edad Media, si no eras noble, siervo, artesano o comerciante, probablemente formabas parte del clero, el grupo de personas que trabajaban para la Iglesia. El clero no solo incluía a los sacerdotes que oficiaban las misas, sino también a una gran variedad de personas con diferentes funciones.

Obispos y arzobispos
Jefes regionales. Supervisaban a los sacerdotes y gestionaban las tierras de la Iglesia.

Sacerdotes
Cuidaban de las necesidades espirituales de la gente, celebrando misas y administrando los sacramentos.

Frailes
Eran monjes que, en lugar de quedarse en un monasterio, viajaban por las ciudades y pueblos predicando y ayudando a los necesitados.

Monjes y monjas
Vivían en monasterios y conventos, dedicados a la oración y al trabajo. También copiaban libros, cultivaban alimentos, realizaban artesanías, etc.

EL PODER DE LA IGLESIA

Excomunión: Excomulgar a alguien significaba prohibirle participar en los sacramentos. ¡Era como ser bloqueado en las redes sociales, pero peor!

Interdicto: Este poder le permitía a la Iglesia cerrar todas las iglesias de una región. Nadie podía casarse, bautizarse o recibir la comunión hasta que el interdicto se levantara.

Tribunales eclesiásticos: La Iglesia tenía sus propios tribunales para juzgar asuntos relacionados con la moral y la fe. Podían imponer penitencias, multas e incluso organizar juicios.

Influencia en la Corona: La Iglesia podía influir en la política, coronar reyes o negociar la paz entre naciones. El papa, líder de la Iglesia, tenía tanto poder que podía mediar entre reyes y emperadores.

OTRAS GENTES: ARTESANOS, JUGLARES, COMERCIANTES

En la Edad Media, además de nobles, clérigos y siervos, había otros grupos sociales importantes. Estos grupos vivían en las ciudades, que eran pequeñas islas de actividad comercial y cultural en medio de un mar de tierras agrícolas. Las ciudades tenían sus propios fueros, leyes especiales que les permitían autogobernarse y ofrecer ciertas libertades a sus habitantes.

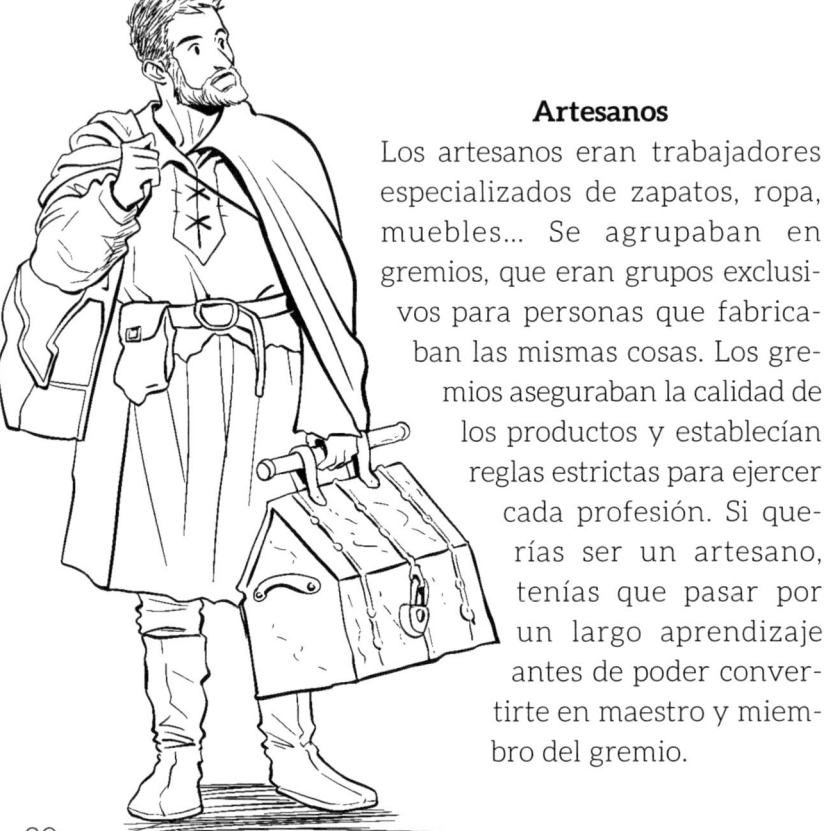

Artesanos

Los artesanos eran trabajadores especializados de zapatos, ropa, muebles... Se agrupaban en gremios, que eran grupos exclusivos para personas que fabricaban las mismas cosas. Los gremios aseguraban la calidad de los productos y establecían reglas estrictas para ejercer cada profesión. Si querías ser un artesano, tenías que pasar por un largo aprendizaje antes de poder convertirte en maestro y miembro del gremio.

Juglares

Los juglares eran las gentes del espectáculo. Cantaban, tocaban instrumentos, hacían números de circo y contaban historias épicas en verso llamadas «cantares de gesta». Muchas veces incluían animales como cabras y osos en sus espectáculos. Actuaban en los mercados, los castillos y las plazas de los pueblos, llevando noticias y entretenimiento a la gente.

Comerciantes

Eran los aventureros de la economía medieval. Viajaban por rutas peligrosas, transportando productos de una ciudad a otra e incluso entre diferentes países. Algunas de las mercancías más valoradas eran las especias, los tejidos de lujo y los perfumes.

HISTORIA ENREDADA

Para saber más sobre especias y alimentación medieval,
consulta a página 36.

MANUALIDAD: ALDEA MEDIEVAL

MATERIALES

Plastilina de colores

Arena o serrín

Cartón para la base

Papeles de colores, papel de aluminio,
cartulinas metalizadas

Tijeras

Pegamento

1. Prepara la base

Usa un trozo grande de cartón como base para tu aldea.
Puedes pintarlo de verde o marrón para representar
la tierra y el césped.

2. Modela los edificios

Comienza por los edificios más importantes de tu aldea:

- Iglesia: Haz un rectángulo largo para el cuerpo principal y
  un cuadrado más pequeño para el campanario. Usa cartulinas metalizadas para hacer las vidrieras.

- Molino de agua: Modela una base circular y crea una es-
  tructura de techo cónico.

- Panadería: Haz un edificio pequeño con un horno grande. Puedes ponerle llamas de papel dentro.

- Castillo: Construye muros con torres en las esquinas y una torre más grande para el homenaje.

- Mercado: Crea varios puestos pequeños con techos de colores. Modela frutas, verduras y otros productos para vender en el mercado.

3. Crea los caminos

Usa arena o serrín para trazar caminos que conecten los edificios. Asegúrate de que todos los caminos conduzcan al mercado, el corazón de tu aldea.

4. Modela personajes

Haz figuras pequeñas para representar diferentes personas en tu aldea:

- Campesinos: Con ropa simple y herramientas como una hoz o una pala.

- Noble con traje: Para que visite el mercado o inspeccione el castillo.

- Panadero: Con un delantal y cerca del horno.

- Sacerdote: Junto a la iglesia.

5. Añade detalles finales

Coloca pequeños animales como ovejas o caballos, y usa trozos de plastilina verde para hacer árboles y arbustos alrededor de la aldea.

HISTORIA III

EL TIEMPO EN LA EDAD MEDIA

Durante el día, la gente utilizaba relojes de sol para saber la hora. Estos relojes tenían un palo que proyectaba una sombra sobre una superficie marcada, indicando la hora según la posición del sol. Pero claro, ¡los relojes de sol no funcionan de noche ni en días nublados!

Para marcar las horas durante el día y llamar a la gente a misa o al trabajo, se usaban las campanas de las iglesias y monasterios. Las campanas sonaban a ciertas horas y ayudaban a todos a saber en qué momento del día estaban.

Por la noche, cuando no se veía el sol, la gente utilizaba velas graduadas. Estas velas tenían marcas que indicaban el paso del tiempo a medida que se iban quemando. Así, si querías saber cuánto faltaba para que amaneciera, solo tenías que ver hasta qué marca se había derretido la cera.

¿CUÁNTO DURABAN LAS HORAS?

Igual estás pensando: «¡Qué tontería! Una hora dura sesenta minutos». Pero en la Edad Media no siempre era así.

El día se dividía en doce horas de luz y doce de oscuridad, sin importar la época del año. Esto significa que en verano, las horas de luz eran más largas y las de oscuridad, más cortas, y en invierno era al revés. Por ejemplo, en verano, una hora de día podía durar ochenta minutos, mientras que una hora de noche solo duraba cuarenta minutos. ¡Era como tener relojes elásticos!

HISTORIA ENREDADA

Si lo del reloj de de sol y las velas graduadas te ha parecido ingenioso, ve a la página 50 para flipar con algunos inventos medievales.

COMIDAS Y BEBIDAS MEDIEVALES

La mayoría de la gente en la Edad Media eran campesinos, y su dieta se basaba en lo que podían cultivar y criar. Comían mucho pan de cebada o de centeno, legumbres como lentejas y garbanzos, y verduras de temporada. La carne era un lujo reservado para los días festivos, y solo consumían pescado si vivían cerca del mar o de algún río. En cambio, los nobles disfrutaban de una dieta rica y variada que incluía carne de caza, aves y peces de sus estanques privados.

CONSERVACIÓN DE ALIMENTOS

Como no existían los frigoríficos, se usaban distintos trucos para evitar que los alimentos se estropeasen.

- Mezclarlos con sal (salazones).
- El vinagre y las especias también ayudaban a conservar los alimentos y a mejorar su sabor. Algunas especias como la pimienta, la canela o el clavo eran tan apreciadas que llegaron a usarse como moneda.
- El agua no estaba purificada y transmitía enfermedades, así que la gente prefería beber cerveza, vino o hidromiel. Todas estas bebidas tienen alcohol, que es un conservante... ¡y se las daban hasta a los niños! Aunque diluidas, eso sí.

UTENSILIOS Y COSTUMBRES

La gente no usaba tenedores, sino que comía con las manos. Usaban cucharas para la sopa y cuchillos para trinchar y repartir la carne.

El pan no solo era un alimento básico; también servía de plato. Como casi nunca era del día, estaba bastante duro y resistía cualquier cosa que le pusieran encima sin romperse.

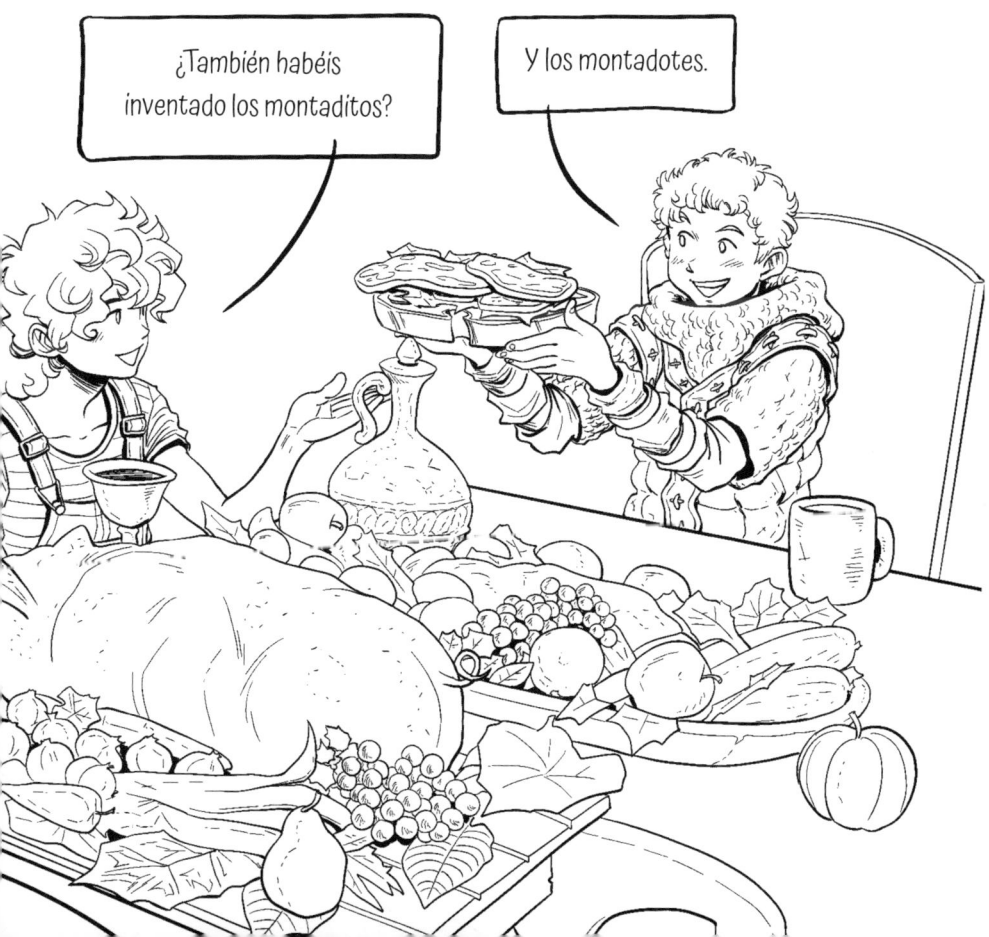

LA NOCHE

No había alumbrado público, como hoy en día, y dentro de las casas las fuentes de luz eran escasas: velas de cera para los nobles, velas de sebo o lámparas de aceite para el resto, o simplemente las brasas del hogar... No se veía lo suficiente para hacer casi nada, aparte de contar historias o cantar hasta que llegaba la hora de dormir.

HÁBITOS DE SUEÑO

Muchos expertos creen que la gente de la Edad Media dormía en dos fases. Se acostaban al anochecer y dormían unas cuatro horas (primer sueño). Luego se despertaban y dedicaban una o dos horas a rezar, pensar, charlar o incluso visitar a los vecinos, para luego volver a dormir hasta el amanecer (segundo sueño).

En las casas campesinas, las familias dormían juntas en una misma estancia, a menudo compartiendo paja o colchones en el suelo. ¡Así combatían el frío! Los nobles tenían camas lujosas con colchones de lana o de plumas, y las calentaban con piedras calientes o recipientes de metal llenos de agua hervida.

HISTORIA ENREDADA
¿Recuerdas cómo se medía el tiempo
por la noche en la Edad Media?
Regresa a la página 34 para refrescarte la memoria.

OCIO Y FIESTAS

La vida en la Edad Media no era solo trabajo y rezos: ¡también había tiempo de divertirse!

FIESTAS Y CELEBRACIONES

Algunas de las más importantes eran:

Navidad

Duraba doce días, desde el 25 de diciembre hasta el 6 de enero (Epifanía). Incluía misas, banquetes y, en muchos lugares, representaciones teatrales.

Pascua

Tenía lugar el domingo posterior a la luna llena de primavera, y conmemoraba la resurrección de Cristo. Antes de esta fecha había cuarenta días de ayunos y penitencia (la Cuaresma).

Carnaval

Se celebraba justo antes de la Cuaresma. Constaba de varios días de banquetes, disfraces y bailes donde todas las normas sociales se trastocaban.

San Juan

Era la fiesta del solsticio de verano, y en muchos lugares se celebraba con hogueras, danzas y ritos para festejar la noche más corta del año.

Días de los santos patronos

Cada pueblo celebraba el día de su santo patrón con procesiones, misas, ferias, música y danza.

ENTRETENIMIENTOS MEDIEVALES

Caza: Era una de las formas de entretenimiento favoritas de la nobleza. Se usaban perros o aves de presa como ayuda, y las armas preferidas eran las flechas. Algunas de las piezas más codiciadas eran los ciervos y los jabalíes.

Torneos: Consistían en sucesiones de combates entre dos nobles, aunque tenían más de espectáculo que de lucha real. Normalmente los participantes combatían a caballo, y el que caía primero de su montura perdía.

Juegos: El ajedrez, que llegó a Europa desde Persia pasando por al-Ándalus, era un juego muy difundido entre la nobleza y el clero. Otros juegos populares eran el alquerque (antecesor de las damas), los bolos o el rincón (parecido al escondite). A finales de la Edad Media se pusieron de moda los juegos de naipes. En las tabernas, también se jugaba a los dados.

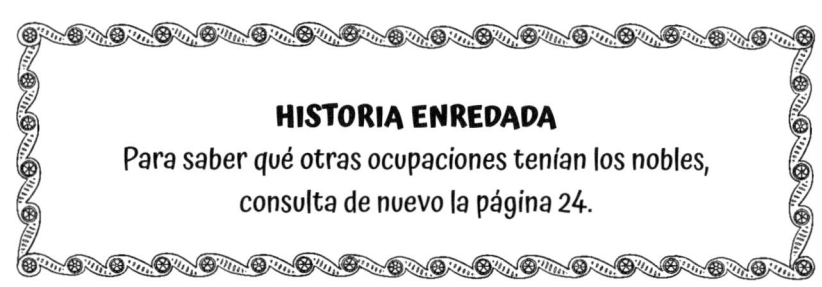

HISTORIA ENREDADA
Para saber qué otras ocupaciones tenían los nobles,
consulta de nuevo la página 24.

RECETA MEDIEVAL: LECHE DE ALMENDRAS DULCE

La leche de almendras era una bebida popular en la Edad Media, especialmente durante los tiempos de ayuno como la Cuaresma. Esta versión dulce es fácil de preparar, saludable y deliciosa.

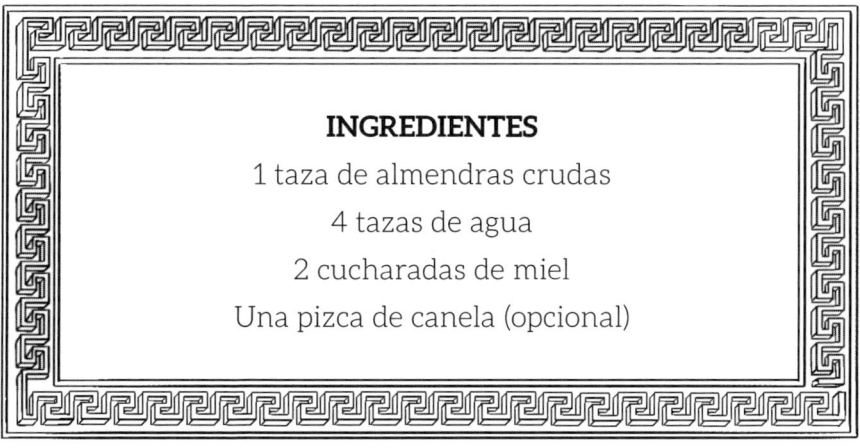

INGREDIENTES

1 taza de almendras crudas

4 tazas de agua

2 cucharadas de miel

Una pizca de canela (opcional)

1. Coloca las almendras en un cuenco y cúbrelas con agua. Déjalas a remojo durante la noche.

2. Escurre las almendras y colócalas en una batidora. Añade las cuatro tazas de agua y bate hasta que la mezcla esté suave.

3. Añade la miel y la canela, y bate de nuevo para mezclar bien los sabores.

4. Coloca la leche de almendras en el frigorífico para que se enfríe. Sírvela fría y espolvoreada con un poco más de canela.

HISTORIA IV

CULTURA E INVENTOS

En la Edad Media, la mayoría de las bibliotecas se encontraban en los monasterios, aunque en ocasiones se hacían copias a mano que se podían vender o regalar a otros monasterios. La sala en la que se fabricaban los libros nuevos era el escriptorio. Los monjes copistas se esmeraban en escribir con letra bonita, y a veces decoraban las páginas con preciosos dibujos. Los libros que copiaban estaban en latín, y casi todos eran religiosos, aunque también había algunas obras de los antiguos romanos. Más tarde, gracias al comercio con el mundo islámico, comenzaron a llegar también escritos sobre ciencia, astronomía y medicina, e incluso obras griegas antiguas.

Pero no todas las grandes bibliotecas estaban en los monasterios. Por ejemplo, la biblioteca del califa al-Hakam II de Córdoba albergaba más de 400.000 volúmenes sobre todos los temas. Más tarde, Alfonso X el Sabio, rey de Castilla, también acumuló una impresionante colección de libros. Además, encargó la traducción de importantes obras árabes y judías al castellano y al latín, facilitando el acceso al conocimiento de todas las clases sociales.

HISTORIA ENREDADA

Para saber más sobre Alfonso x, vete a la página 65.

LOS LIBROS MEDIEVALES

Para hacer un libro, los monjes de los escriptorios seguían estos pasos:

1. **Preparación del material:** Todo empezaba con el pergamino, que era una piel de animal preparada para escribir. Había que limpiarla, estirarla y cortarla en hojas del tamaño adecuado.

2. **Escribir el texto:** Luego, con tinta y plumas hechas de cañas o plumas de aves, los monjes transcribían cuidadosamente los textos. Este trabajo podía durar años.

3. **Decoración:** Los textos se decoraban con bellas ilustraciones muy detalladas llamadas miniaturas. En ellas se empleaban tintas de colores e incluso pan de oro. A veces, la primera letra de un capítulo, llamada capitular, era también una preciosa miniatura.

4. **Encuadernación:** Finalmente, las hojas se cosían y se cubrían con tapas duras, muchas veces decoradas con metales preciosos o cuero.

HISTORIA ENREDADA

Para saber más sobre el resto de actividades del día a día de los monasterios, lee la página 55.

ALGUNOS LIBROS FAMOSOS DE LA EDAD MEDIA

Beatos de Liébana: Son libros que comentan un texto religioso sobre el fin del mundo llamado «el Apocalipsis». Se hicieron en el norte de España y tienen unas ilustraciones llenas de colorido, firmadas por una monja llamada Ende, considerada una de las primeras pintoras de España.

Códex Calixtinus: Era una guía para los peregrinos que iban a Santiago de Compostela. Ofrecía distintas rutas y contaba historias relacionadas con cada lugar.

Biblias de San Luis: Una colección de tres manuscritos lujosamente ilustrados, encargados por el rey Luis IX de Francia.

Libro de horas del duque de Berry: Conocido por sus detalladas miniaturas que representan tanto la vida cotidiana como la religiosa, era un libro de oraciones personalizado.

A mí esto de los libros no me va mucho. ¡Yo es que prefiero la tradición oral!

LAS PRIMERAS UNIVERSIDADES

Las universidades empezaron a aparecer en Europa alrededor del siglo XII a partir de escuelas de catedrales y de algunos monasterios. Cada una se especializaba en un tipo de saber. El idioma de las clases era el latín, lo que permitía que estudiasen en ellas estudiantes venidos de cualquier rincón de Europa. Maestros y alumnos vivían y estudiaban juntos, pero todos eran hombres. ¡A las mujeres no se les permitía ir!

ALGUNAS DE LAS PRIMERAS UNIVERSIDADES

Universidad de Bolonia (Italia): Es la más antigua del mundo y estaba especializada en derecho.

Universidad de París (Francia): Aquí, los estudios se centraban en artes y teología.

Universidad de Oxford (Inglaterra): Sobresalía en la enseñanza de las ciencias y la literatura. Es tan antigua que nadie sabe exactamente cuándo se fundó.

Universidad de Salamanca (España): Se enseñaba principalmente derecho, pero también era un centro importante para aprender sobre diferentes idiomas y culturas.

Universidad de Montpellier (Francia): Estaba especializada en medicina.

INVENTOS DE LA EDAD MEDIA

Mucha gente cree que la Edad Media fue una época de estancamiento en la que nada cambiaba, pero es falso. Muchos inventos innovadores vienen de aquellos tiempos. ¡Aquí tienes algunos!

Molinos de viento
Se usaban para moler grano, pero también para bombear agua o secar tierras inundadas (en Holanda). No eran tan comunes como los molinos de agua, porque solo podían construirse en sitios altos con vientos frecuentes y constantes.

Herradura y estribo
La introducción de la herradura de metal durante la Edad Media ayudó a proteger los cascos de los caballos, evitando las heridas. También se inventaron los estribos, que permitían dirigir mejor a los caballos en el campo de batalla.

Anteojos

Son los antepasados de las gafas, y se inventaron en Italia en el siglo XIII. Eso sí, todavía no tenían patillas...

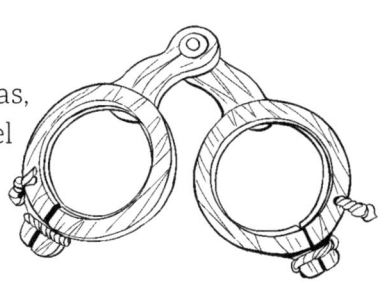

Ballesta

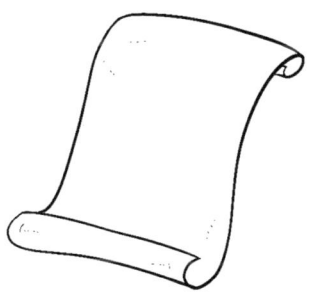

Este invento permitía a los soldados disparar flechas con mucha más fuerza y precisión que con un arco tradicional, y revolucionó las guerras medievales.

Papel

Aunque fue inventado en China, su producción llegó a Europa en la Edad Media. Esto permitió fabricar libros más baratos y popularizar la escritura.

HISTORIA ENREDADA

Para saber más sobre los libros en la Edad Media, repasa la página 46.

CREA TU PERGAMINO MEDIEVAL

¿Te gustaría escribir como un monje medieval en un pergamino? ¡Es más fácil y divertido de lo que piensas! Vamos a hacer un pergamino «antiguo» usando algunos materiales simples que puedes encontrar en casa.

MATERIALES

Cartulina color crema

Café líquido

Una bandeja grande

Secador de pelo (opcional)

Rotuladores de colores

(¡importante que uno sea dorado!)

Acuarelas y pincel o lápices de colores

El café llegó a Europa mucho después de la Edad Media, pero bueno...

Envejecer el papel

Coloca la cartulina en la bandeja y vierte el café sobre ella, asegurándote de cubrir toda la superficie.
El café dará a la cartulina un color marrón «antiguo».
Puedes secarla con un secador o al aire libre.

Escribir y decorar

Usa rotuladores o una pluma para escribir en tu pergamino. Puedes escribir citas, poemas o incluso intentar copiar letras góticas como las que usaban en la Edad Media. Reserva un cuadrado vacío para hacer el dibujo de la primera letra del texto y otro al final para una ilustración.

Añadir miniaturas

Dibuja en grande la primera letra (capitular) y decórala con guirnaldas o motivos geométricos de colores, con algunos detalles en dorado. Usa los mismos colores para elaborar una ilustración del texto.
¡No olvides los detalles de oro!

Mostrar tu obra

Una vez que hayas terminado de escribir y decorar, tu pergamino estará listo. Puedes enrollarlo y atarlo con una cinta de raso, o colocarlo en un marco para que todos vean tu creación medieval.

HISTORIA V

ARQUITECTURA Y ARTE

En los primeros siglos de la Edad Media, los artistas se inspiraban en el arte de los romanos. Después, poco a poco empezaron a experimentar con nuevas maneras de hacer las cosas. Todavía hoy nos asombramos ante las imaginativas esculturas de monstruos del arte románico o los altísimos muros de piedra y cristal de las catedrales góticas. Gran parte de estas obras se encontraban en edificios religiosos como iglesias y monasterios, pero también había castillos, palacios, puentes, ayuntamientos y otras construcciones públicas.

MONASTERIOS

Un monasterio medieval era casi como un pequeño pueblo. Dentro de sus muros, los monjes vivían de acuerdo con una estricta normativa, generalmente la Regla de san Benito, que dictaba el día a día de los monjes mediante horarios estrictos para que repartiesen su tiempo entre la oración, la lectura y el trabajo manual. Los monasterios eran autónomos, con sus propias granjas, talleres, escuelas, y por supuesto, iglesias.

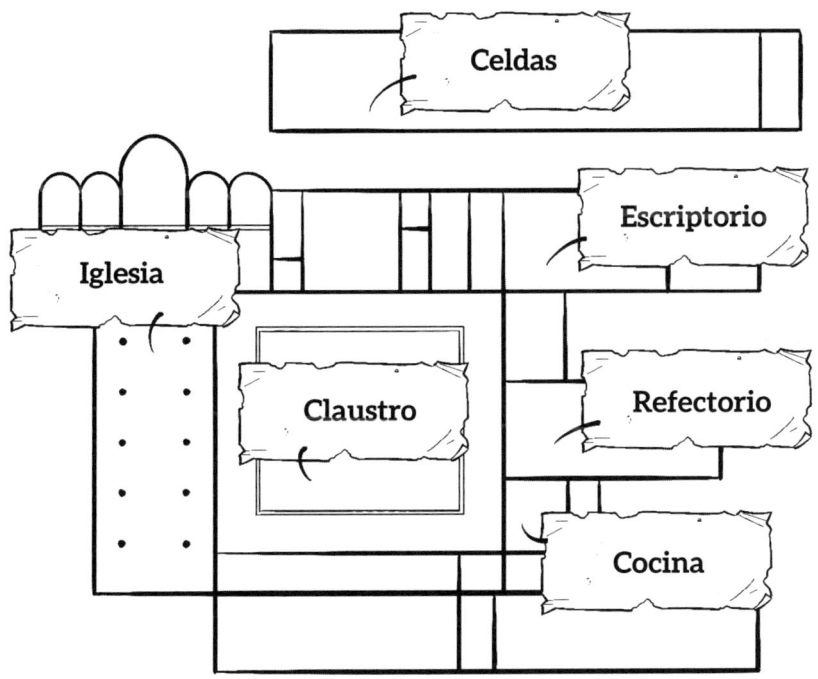

CASTILLOS

Son uno de los símbolos más reconocibles de la Edad Media. Además de servir como residencias lujosas para la nobleza, eran fortalezas para protegerse de ataques e invasiones.

Los castillos surgieron principalmente como centros de defensa. Se construían en lugares estratégicos, como en lo alto de una colina o junto a un río. Esto permitía a sus habitantes vigilar y controlar las áreas circundantes. Sus muros, torres y fosos servían para repeler ataques enemigos y soportar asedios.

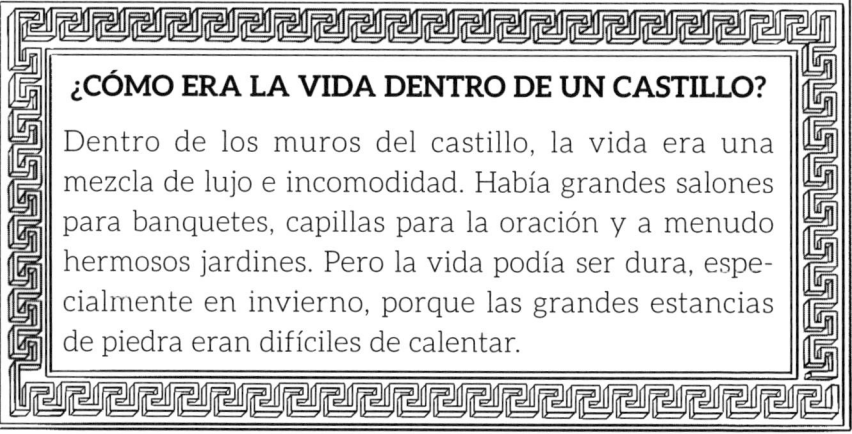

¿CÓMO ERA LA VIDA DENTRO DE UN CASTILLO?

Dentro de los muros del castillo, la vida era una mezcla de lujo e incomodidad. Había grandes salones para banquetes, capillas para la oración y a menudo hermosos jardines. Pero la vida podía ser dura, especialmente en invierno, porque las grandes estancias de piedra eran difíciles de calentar.

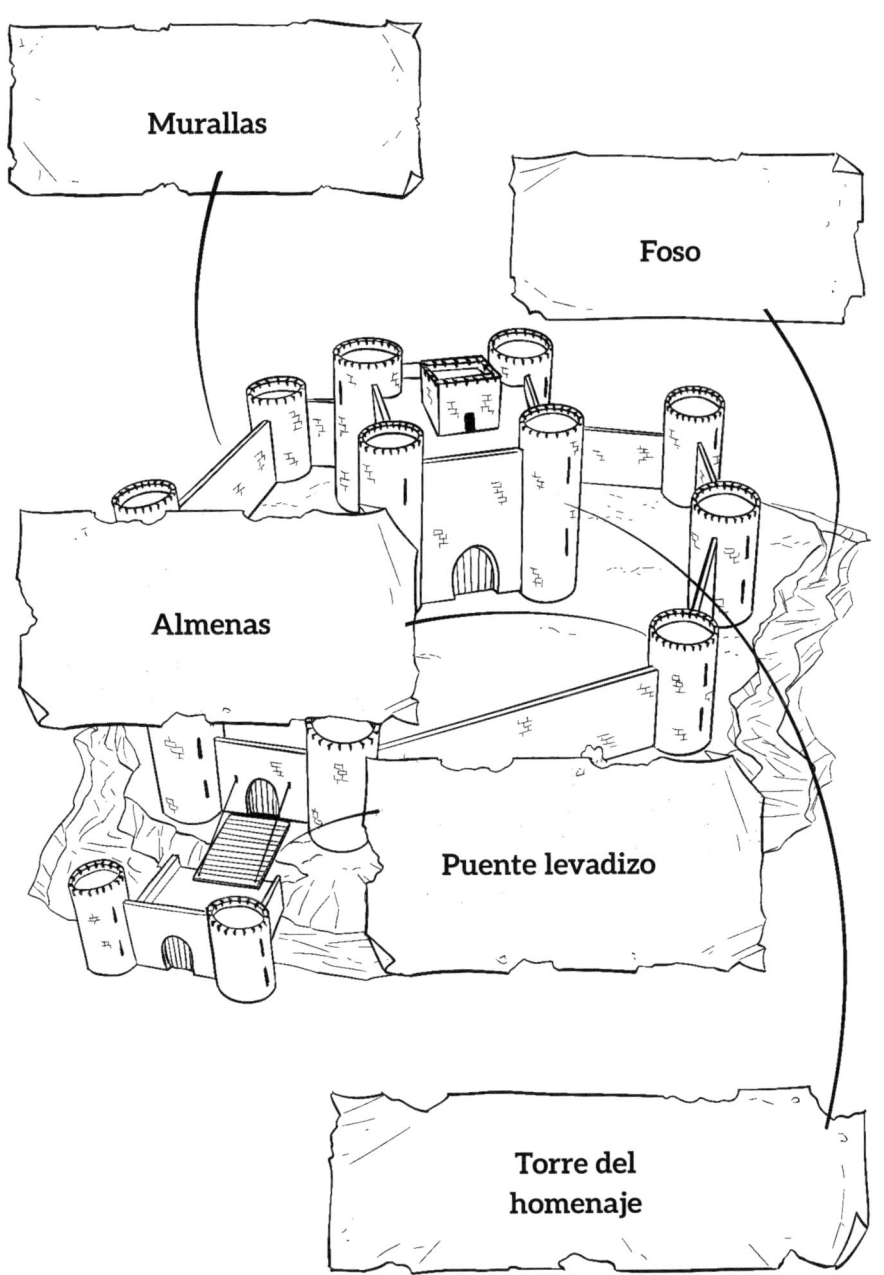

Murallas

Foso

Almenas

Puente levadizo

Torre del homenaje

IGLESIAS ROMÁNICAS

Alrededor del año 1000, comenzó una verdadera revolución en la forma de construir iglesias, conocida como el «estilo románico». Casi siempre eran de piedra, un material majestuoso y duradero. Algunas de estas iglesias aún se mantienen en pie hoy en día, ¡a pesar de los siglos!

ELEMENTOS ROMÁNICOS

Arcos de medio punto
Podían soportar mucho peso, lo que permitía construir estructuras grandes e impresionantes.

Bóvedas de cañón
Necesitaban pocas columnas para sostenerse. Así se conseguían espacios más amplios, altos y abiertos.

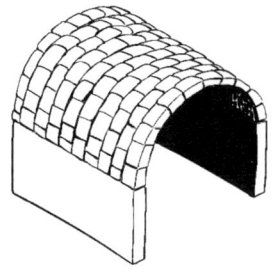

Relieves
Las puertas y los capiteles de las columnas se recubrieron de relieves y esculturas. Algunas contaban historias de los santos, de la Biblia o de la vida cotidiana, educando a quienes no sabían leer.

IGLESIAS GÓTICAS

Este estilo comenzó en Francia alrededor del siglo XII y se extendió rápidamente por todo el continente gracias a la creciente importancia de las ciudades y el apoyo de los obispos locales. El arte gótico es famoso por llevar las iglesias y catedrales a nuevas alturas… literalmente. Buscaba alcanzar el cielo, creando edificios cada vez más altos y llenos de luz.

ELEMENTOS GÓTICOS

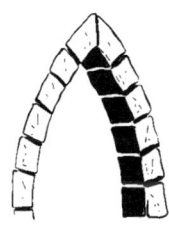

Arcos apuntados
Distribuyen mejor el peso, lo que permite construir estructuras más altas y esbeltas.

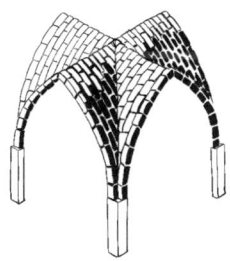

Bóvedas de crucería
Pesan menos que los techos anteriores. Así pueden hacerse paredes con más ventanas.

Vidrieras
Cuentan historias de la Biblia.

Rosetones
Vidrieras grandes circulares.

Gárgolas
No solo decoran, también funcionan como desagües, para expulsar la lluvia lejos de las paredes.

CREA UNA VIDRIERA

¿Te gustaría hacer una vidriera colorida como las que ves en las grandes catedrales góticas? ¡Es más fácil de lo que piensas y puedes hacerlo en casa con unos pocos materiales!

MATERIALES

Cartulina negra

Tijeras

Pegamento

Celofán de colores

Lápiz blanco

¡Por san Jorge! Si en mi época hubiésemos tenido celofán y cartulina, yo habría decorado con vidrieras hasta mi tienda de campaña en los asedios.

Dibuja tu diseño

En cartulina negra, usa un lápiz blanco para diseñar tu vidriera. Puedes hacer formas geométricas simples, como círculos, estrellas y rectángulos, o algo más elaborado, como una flor o un animal.

Recorta el diseño

Con cuidado, usa las tijeras para recortar las partes internas de tu diseño en la cartulina, dejando los bordes intactos. ¡Los necesitas para pegar el celofán!

Prepara el celofán

Corta pedazos de celofán de colores que sean lo suficientemente grandes como para cubrir los huecos que has recortado en tu cartulina. Puedes usar varios colores para hacer tu vidriera más colorida.

Pega el celofán

Pon pegamento en la cartulina alrededor de los bordes de cada hueco y pega cuidadosamente los pedazos de celofán, asegurándote de que no queden arrugas. Una vez que el pegamento esté seco, tu vidriera estará lista. Puedes pegarla en una ventana para que la luz pase a través del celofán y muestre los hermosos colores, imitando el efecto de las verdaderas vidrieras.

HISTORIA VI

AL-ÁNDALUS

En España, la Edad Media fue bastante diferente a la de otros lugares de Europa. Esto se debe a que, a principios del siglo VIII, los musulmanes cruzaron desde África y conquistaron gran parte de la península ibérica, creando lo que se conocería como al-Ándalus. Este territorio llegó a cubrir casi toda España, excepto algunas regiones del norte donde los reinos cristianos seguían resistiendo.

FORMACIÓN Y ETAPAS DE AL-ÁNDALUS

Emirato dependiente: Al principio, al-Ándalus era como el hijo que aún sigue las reglas de sus padres. Estaba conectado con el gran Imperio omeya, que tenía su centro en Damasco. Los emires en al-Ándalus seguían las órdenes del califa de allí.

Califato independiente: En el año 929, se proclamó un califato propio con Córdoba como capital. Córdoba se convirtió en un centro cultural y económico muy importante.

Reinos de taifas: Tras la desintegración del califato en el siglo XI, al-Ándalus se dividió en pequeños reinos llamados taifas, como el de Sevilla, el de Murcia o el de Granada.

Invasiones almorávides y almohades: Estos grupos procedentes de África invadieron al-Ándalus durante los siglos XI y XII para intentar unificarla de nuevo e imponer una visión más rígida del islam.

Te pareces a un caballero que conocí en el norte...

En realidad, todos somos parientes.

LA HERENCIA DE LAS TRES CULTURAS

Durante ochocientos años, en algunos territorios de la península ibérica convivieron cristianos, musulmanes y judíos. Aunque la convivencia no siempre fue pacífica, permitió el intercambio de ideas sobre ciencia, arte, filosofía y literatura.

Los mercados estaban llenos de productos de diferentes partes del mundo, y las ciudades como Toledo se convirtieron en centros donde se traducían textos importantes del árabe y el hebreo al latín y al castellano.

Algunos personajes fueron clave en ese entendimiento entre culturas. Aquí tienes a tres de ellos:

Hasday Ben Saprut

Un importante médico y diplomático judío de la Córdoba musulmana. Era tan respetado que incluso trató al rey leonés Sancho el Gordo, ayudándolo a recuperar su salud. También realizó labores diplomáticas.

Alfonso x el Sabio

Fue un rey de Castilla conocido por su gran interés por la ciencia y la cultura. Promovió la traducción de muchas obras importantes del árabe y el hebreo al castellano y al latín. Fundó la Escuela de Traductores de Toledo, donde muchos sabios de diferentes religiones trabajaban juntos para traducir libros de astronomía, medicina y filosofía.

Ibn al-Khatib

Nacido en 1313, fue diplomático, poeta, historiador, y filósofo en la corte de los reinos nazaríes de Granada. Desempeñó un papel fundamental en las negociaciones entre el reino musulmán de Granada y los reinos cristianos de la península ibérica durante el siglo XIV.

LA RECONQUISTA

Durante esos ochocientos años, a veces los reinos cristianos se unían contra los musulmanes, pero otras luchaban entre ellos por el poder. Lo mismo pasaba en el lado musulmán. Y no era raro ver alianzas entre reyes cristianos y líderes musulmanes, especialmente cuando tenían problemas con sus vecinos o querían comerciar.

Poco a poco, los reinos cristianos fueron ganando más poder e integrando territorios de al-Ándalus. Este proceso se conoce como reconquista.

Inicio y expansión: Comenzó con pequeñas batallas y la formación de nuevos reinos cristianos en el norte, como Asturias y León.

Momentos clave: La toma de Toledo en 1085 fue un gran paso para los cristianos. La batalla de las Navas de Tolosa en 1212 fue otra victoria importante que marcó el declive del poder musulmán en España.

La caída de Granada: En 1492, Granada, el último reino musulmán en la península, fue conquistado por los Reyes Católicos, Isabel y Fernando. Esto marcó el fin de la Reconquista... Y de la Edad Media española.

CREA TU AZULEJO ANDALUSÍ

MATERIALES

Cartón grueso

Lápices

Regla

Pinturas acrílicas de colores

Pinceles pequeños

Cinta adhesiva

Barniz transparente

Lo siento, estos azulejos no llevan animales.

Falto yo...

Prepara tu base
Recorta un cuadrado de cartón.

Diseña el patrón
Con un lápiz y una regla, dibuja un diseño geométrico
en tu cartón. Los patrones andalusíes a menudo
incluyen formas como estrellas y cuadrados. Pega cinta
adhesiva sobre las líneas que delimitan las formas.

Pinta tu diseño
Elige colores brillantes típicos de los azulejos andalusíes,
como azul, verde, rojo y amarillo. Pinta con cuidado
dentro de los límites marcados por la cinta adhesiva.
Si es necesario, aplica varias capas de pintura,
dejando que se sequen antes de aplicar más.

Retira la cinta adhesiva
Cuando la pintura esté completamente seca,
retira cuidadosamente la cinta adhesiva
para revelar tu diseño con líneas limpias.

Aplica barniz
Para proteger tu azulejo y darle un acabado brillante,
aplica una capa de barniz transparente sobre toda
la superficie. Esto también intensificará los colores.

Deja secar el barniz
Coloca tu azulejo en un lugar seguro
para que se seque completamente. ¡Ya lo tienes!

¡Viajar a la Edad Media es como meterse en un libro de aventuras, pero no solo de caballeros y castillos!
Los medievales eran gente muy divertida... y muy diversa. Además, algunas de las cosas que descubrieron o inventaron todavía tienen éxito en el siglo XXI.
Por ejemplo...

El turismo: Las peregrinaciones a Santiago de Compostela, Roma o Jerusalén llevaban a riadas de personas a salir de su rutina para conocer sitios lejanos... Igual que el turismo actual. Claro que los medievales lo hacían a pie. ¡Era mucho más sostenible!

Las universidades: Las primeras universidades nacieron en la Edad Media, como ya has descubierto. Aunque seguramente el plan de estudios ha cambiado un poquito...

Los libros ilustrados: Aparecieron en los monasterios. Claro que, como entonces había que hacerlos de uno en uno, no llegaban a tanta gente como los actuales.

Celebraciones: Navidad, Carnaval... Sí, esas fiestas que todavía nos gustan tanto fueron inventos de la Edad Media. Aunque lo de los abetos decorados y Santa Claus vestido de rojo llegó mucho después.

Me parece asombroso que nuestras historias todavía estén tan enredadas con las de las personas medievales. Hasta nuestras ciudades conservan muchos de sus edificios y construcciones. A veces, para viajar a la Edad Media basta con dar un paseo por el casco antiguo de tu ciudad o pueblo y echarle un poco de imaginación.